99 Affirmations

Ultra-Puissantes pour

Agir

Abattez Des Tonnes de
Travail Avec le Sourire,
Atteignez Tous Vos Objectifs

Frank Costa

Copyright © 2018, Frank Costa. Tous droits réservés.

Table des matières

Introduction à la série 7
    La Méthode 17
    Note sur les affirmations 19
Affirmations 21
En guise de conclusion 35
Merci ! 37

...

Je suis capable de faire tout ce que je veux et je le fais

Je suis passionné et motivé pour atteindre mes objectifs

J'accueille et surmonte facilement tous les obstacles sur mon chemin

...

Introduction à la série

« Les seules limites sont celles que l'on s'impose »

Tout d'abord, je veux vous remercier et vous féliciter pour avoir téléchargé ce livre. Par cet acte en apparence si simple, vous démontrez à l'Univers que vous êtes prêt à agir pour devenir l'acteur et l'artisan de votre réalité, que vous avez décidé de faire ce qu'il fallait pour être plus heureux et plus épanoui.

Mais comment faire pour transformer ce premier pas en outil de changement puissant ? En utilisant un outil tout simple, gratuit, toujours disponible, qui ne demande que quelques instants chaque jour et qui ne nécessite aucun apprentissage : les affirmations.

Grâce à celles-ci, à la puissance du Verbe (qu'il soit prononcé verbalement ou intérieurement) vous reprendrez le contrôle de votre vie, un contrôle total si vous le souhaitez. Et pour cela, nul besoin d'attendre ou de suivre une formation : vous pouvez commencez aujourd'hui, et même maintenant !

On pourrait définir une affirmation comme une déclaration positive d'un fait ou d'un état comme s'il était déjà manifesté, formulée énergiquement et avec confiance. En réalité, vous le faites déjà tout ou long de la journée, souvent inconsciemment. Tout ce que vous pensez, tout ce que vous dites est une affirmation, une déclaration positive ou négative. Dès lors, il faut choisir avec soin ce sur quoi vous voulez vous focaliser, car cela tendra à se manifester ou se maintenir en l'état.

Les affirmations fonctionnent pour absolument tout, que ce soit pour améliorer vos conditions de vie, votre santé, trouver le travail de vos rêves, attirer la richesse… ou pour améliorer votre vie intérieure, progresser, rencontrer l'amour, vivre dans la joie, être respecté, vous défaire d'une habitude néfaste…

Quand vous constaterez les premiers résultats, qui arrivent parfois très vite, vous progresserez encore plus rapidement, car vous *saurez* que cela fonctionne. Débarrassé du doute et de la peur, vous reprendrez confiance en votre pouvoir créateur naturel et cela accélérera la manifestation de vos affirmations.

Les affirmations sont connues depuis les temps les plus reculés et sont utilisées avec succès par tout ce que le monde compte de champions, de grands sportifs, d'hommes d'affaires ayant réussi, de stars du cinéma ou de la chanson, de scientifiques brillants...

Comme eux, vous aussi pouvez apprendre à débloquer votre pouvoir et votre potentiel pour atteindre tous vos objectifs et relever tous les défis de la vie, qui sont là pour vous faire grandir en vous poussant à vous dépasser.

Pour utiliser efficacement les affirmations, vous n'avez qu'une chose à faire : vous en servir au quotidien, le plus souvent possible, avec foi et confiance. Si ces deux derniers éléments sont absents au départ, ou vous quittent par moment, ne vous inquiétez pas et continuez à travailler sur votre réalité à l'aide de vos affirmations. Au bout de quelques temps, des signes commenceront à apparaître qui vous indiqueront que vous êtes sur la voie de la transformation, et cela vous redonnera confiance.

Bien sûr, si vous affirmez une phrase telle que « *L'argent vient à moi facilement chaque jour* » et que votre réalité actuelle ne vous permet même pas de payer vos factures, vous allez en être conscient. Le but des affirmations n'est pas de vous mentir à vous-même ou de vous masquer la réalité des choses.

Le but est tout simplement de transformer la réalité actuelle en utilisant le pouvoir du Verbe. Donc, au bout d'un certain temps, les affirmations commencent à transformer votre paysage intérieur. **Tout commence toujours à l'intérieur, pour se**

manifester à l'extérieur. On peut également dire, en renversant cette proposition que **tout ce que vous voyez se manifester dans votre vie est le reflet de votre paysage intérieur.** C'est la même chose. Le monde est un miroir.

Par conséquent, en affirmant la richesse là où se trouve la pauvreté, la santé là où se manifeste la maladie, la joie là où il y a la tristesse, vous décidez d'effacer une illusion pour la remplacer par une qualité d'essence divine. En persévérant dans cette voie, en maintenant une nouvelle vision, l'Univers n'a pas d'autre choix que de modeler votre réalité sur votre paysage intérieur, car les deux sont indissociables.

Quand votre réalité commence à changer, vous devez continuer à faire votre part et à travailler avec l'Univers. Bien qu'il soit possible que des choses semblent se manifester « comme par magie » dans votre vie et que ce qu'on nomme « la chance » vous accorde ses faveurs, vous aurez en général à concrétiser des opportunités et à saisir les occasions quand celles-ci se présenteront.

Comme vous dégagerez des vibrations positives, vous commencerez à attirer sur votre chemin les personnes et les situations qui vous permettront d'avancer en direction de votre but. Et comme vous saurez pourquoi ces personnes et ces situations se manifestent, que vous saurez que c'est la réponse de l'Univers à votre requête, vous aurez la confiance et la motivation nécessaires pour agir. Vous n'hésiterez pas, que ce soit pour accepter un nouveau poste, prendre des responsabilités ou procéder à des changements radicaux dans votre vie. Vous vous sentirez maître de votre destin et vous libérerez de la peur paralysante et des doutes sclérosants.

Les affirmations contenues dans ce livre sont suffisamment nombreuses et variées pour que vous trouviez celles qui vous correspondent. Elles sont là pour être utilisées, alors servez-vous en !

Explorez-les sans limites. Si certaines d'entre elles entrent en résonance avec vous au départ mais qu'au fil du temps elles vous touchent moins, sentez-vous libre d'en changer. Vous pouvez même écrire les vôtres ! L'important est qu'en les utilisant, vous sentiez qu'elles vous transforment d'une manière positive et qu'elle vous donnent une énergie nouvelle. En travaillant de cette façon, des miracles se produiront dans votre vie.

Comme pour leur choix, ne vous limitez pas quant à leur utilisation. Vous pouvez utiliser les affirmations tout le temps et partout, en toutes circonstances. Elles peuvent aussi bien vous être d'un grand réconfort dans les épreuves et les situations compliquées que quand tout va bien. Ne cessez jamais de les utiliser.

Si vous êtes dans une phase négative, elles ont le pouvoir de transformer rapidement la situation de la meilleure manière possible. Si vous êtes dans un cycle positif, elles contribueront à le maintenir et l'embellir encore.

Au-delà de la résolution de problèmes et de l'atteinte d'objectifs, travailler quotidiennement avec les affirmations vous reconnecte avec l'énergie divine, ou l'énergie universelle si vous préférez ce terme. Peu importe que vous ayez une croyance ou non. Faites exactement ce qu'il faut faire, suivez la méthode que je vais détailler pour vous dans un instant, et vous obtiendrez des résultats qui dépasseront toutes vos espérances.

Vous êtes ici pour être heureux, sains, ne manquant de rien et vous réalisant à travers l'activité qui vous correspond et qui sera utile pour le plus grand nombre. Vous êtes unique et vous avez quelque chose d'unique à offrir au monde. En utilisant les affirmations, vous serez naturellement amené à vous accomplir.
L'utilisation des affirmations est comme un raccourci, une voie express vers la manifestation de ce que vous voulez dans votre vie. Si vous ressassez toujours vos problèmes, que vous vous plaignez de ce qui vous fait souffrir, vous affirmez une réalité et empêchez tout changement de fond.

Peu importe que vous ayez raison ou tort, ou que votre problème soit « réel » et vous paraisse insurmontable. Si vous voulez vraiment vous en débarrasser et renaître à une vie nouvelle, vous n'avez pas de temps à perdre à ruminer des idées et des sentiments négatifs, que ce soit envers vous ou envers d'autres personnes, la société, Dieu, la météo ou que sais-je encore.

Au lieu de cela, dites adieu à votre ancien monde et accueillez **dès aujourd'hui et sans réserve** celui que *vous* aurez choisi. Cela est si simple que vous vous demanderez très bientôt comment vous avez pu abdiquer votre pouvoir créateur pour nourrir les faux maîtres que sont vos propres pensées et sentiments négatifs, pures illusions sur lesquelles vous avez toujours eu prise.

La Méthode

Vous savez maintenant ce que sont les affirmations et ce qu'elles peuvent faire pour vous. Il est temps à présent de vous en servir.

Voici la méthode simple en trois étapes pour obtenir des résultats rapides :

1. **Choisissez** entre trois et sept affirmations parmi celles qui suivent + créez la vôtre.
2. **Répétez** ces affirmations tranquillement le matin au réveil et le soir avant de vous coucher + le plus souvent possible au cours de la journée.
3. **Écrivez**-les sur un cahier dédié chaque jour, au minimum une fois, dans l'idéal entre 10 et 25 fois chacune.

Combien de temps devez-vous pratiquer cela ? Jusqu'à ce que vous ayez atteint les résultats attendus. Cela peut-être très rapide ou un peu plus long. Il s'agit d'implanter une nouvelle vision des choses, de nouvelles croyances et de nouveaux sentiments dans votre subconscient. Dès l'instant où cela est fait, les changements suivent automatiquement.

Un minimum de 21 jours est recommandé dans tous les cas. Une « cure » d'affirmations sur un sujet donné de 90 jours transformera votre vie dans le sens que vous souhaitez et même au-delà.

Une fois votre but atteint dans un domaine, vous pouvez vous consacrer à un autre domaine et ainsi de suite. Vous êtes redevenus maître de votre vie. Repoussez les limites. Amusez-vous à créer votre réalité avec des objectifs de plus en plus grand.

Et rappelez-vous que les seules limites que nous rencontrons sont celles que nous nous imposons.

Note sur les affirmations

Bien que la plupart des affirmations qui suivent soient formulées au présent et de manière positive, certaines échappent à cette règle. En effet, comme toute règle, celle-ci n'est pas absolue et chez certaines personnes, le fait de désigner un mal ou d'indiquer ce que l'on souhaite pour le futur peut générer un puissant sentiment de bien-être et de sécurité, sentiments contribuant à accélérer la manifestation. Si tel est votre cas, n'hésitez pas à inclure une ou deux affirmations de ce type dans votre sélection.

D'autre part, certaines affirmations sont très proches l'une de l'autre et peuvent *sembler* quelque peu répétitives. Toutefois, tout comme en musique, les nuances sont importantes et chaque terme a une vibration qui lui est propre, chaque tournure de phrases fera résonner différemment en vous les mots qu'elle contient.

Essayez de trouver les affirmations qui suscitent chez vous le plus d'émotions positives. Ce sont celles avec lesquelles vous obtiendrez les meilleurs résultats, dans les délais les plus courts.

Affirmations

J'agis toujours immédiatement dès que c'est nécessaire

Je choisis toujours le travail plutôt que la procrastination

Je fais toujours le meilleur usage de mon temps

Je saisis toujours des opportunités d'enrichir ma vie

Je suis une personne constamment motivée

Je suis capable de fournir un travail acharné et de le mener à terme

Je suis tout le temps disposé à agir

Je suis capable de faire tout ce que je veux et je le fais

Je suis admiré pour mes capacités de travail

Je suis toujours prêt pour faire évoluer les choses

Je suis toujours motivé pour sortir et provoquer les événements

Je suis toujours en train d'avancer vers mes objectifs

Je suis toujours prêt à répondre à toute situation

Je suis toujours le premier à passer à l'action en cas d'urgence

Je suis toujours prêt à faire du bénévolat

Je suis toujours prêt à travailler plus si j'en suis capable

Je suis à mon meilleur quand je travaille à réaliser mes rêves

Je me construis un réseau de personnes qui travaillent dur et qui sont dignes de confiance

Je suis plus proche de la réalisation de mes objectifs à chaque instant qui passe

Je me consacre à la réalisation de ma vision idéale de la vie

Je fais de grandes choses avec ma vie

Je suis poussé à la réussite à chaque instant

Aujourd'hui, je vais saisir toutes les chances qui se présentent pour améliorer ma vie

Je suis heureux d'être en mesure de travailler dur et de voir les résultats

Je suis apprécié pour mes grandes réalisations

J'obtiens ce que je veux facilement et sans efforts inutiles

Je ne suis pas intimidé en partant de grands projets

Je suis passionné et motivé pour atteindre mes objectifs

Je suis celui qui décide du travail que je peux faire aujourd'hui

Je suis celui qui saisit les opportunités du moment et prend les mesures appropriées

Je deviens une personne plus proactive chaque jour

Je surprends constamment les gens par la quantité de travail que je peux assumer

Je fais tout ce qui doit être fait

Je n'attends pas pour suivre mes intuitions et agir

J'accueille et surmonte facilement tous les obstacles sur mon chemin

J'aime avoir une longueur d'avance sur mes projets

J'apprécie d'assumer des responsabilités nouvelles et stimulantes

Je ressens un grand sentiment d'accomplissement à la fin de chaque journée

Je trouve facile de réaliser mes rêves avec le travail adapté

Je trouve très facile d'atteindre les objectifs sur lesquelles je me concentre

Je trouve plus de motivation à chaque nouvelle tâche que je me donne

Je vais à la rencontre des opportunités au lieu de les attendre

J'ai un puits sans fond de motivation et d'énergie à l'intérieur de moi

J'ai la capacité de continuer à travailler jusqu'à ce qu'il n'y ait plus rien à faire

J'ai une passion et une énergie sans égales

J'ai une puissante capacité pour faire bouger les choses

Je maintiens fermement ma vision jusqu'à son accomplissement

Tout ce dont j'ai besoin m'attends et je vais le chercher

J'ai une étonnante capacité à accomplir beaucoup de choses en un jour

J'ai une volonté de fer pour voir mes rêves devenir réalité

J'ai le contrôle complet de ce que je suis capable d'accomplir aujourd'hui

Je m'engage à travailler sur mes objectifs jusqu'au bout

J'ai le comportement qu'il faut pour pouvoir atteindre tous mes objectifs

J'ai le pouvoir de me déplacer vers mes objectifs

J'ai la volonté de faire autant que je peux aujourd'hui

J'ai la confiance des autres car ils savent que je vais jusqu'au bout

J'aide les gens autour de moi et les motive à travailler davantage

J'inspire les autres à faire plus et mieux

Je ne laisse pas de place pour du temps perdu durant la journée

J'aime avoir beaucoup de choses à faire

Je vis et agis sans hésitation

J'aime récapituler mes réalisations à la fin de la journée

Je maintiens une orientation claire qui me permet d'atteindre mes objectifs

Chaque instant qui passe me rapproche de la réalisation de mes rêves

Je fais des progrès constants vers de plus grandes réalisations

Je suis une meilleure personne grâce à mon travail bien fait

Je m'assure toujours que les choses soient faites correctement

Je procède aux changements que je veux voir dans le monde

Je prends des décisions qui changent le cours de ma journée

Je rend le monde meilleur autour de moi grâce à ma motivation

Je sais passer à l'action immédiatement et de façon naturelle

Je ne manque jamais d'énergie pour améliorer ma vie

Je ne cesse d'avancer vers le succès

Je me concentre sans relâche sur mes objectifs jusqu'à ce qu'ils soient atteints

Je sais saisit ma chance et agir pour obtenir ce que je veux

Je vois les nouveaux obstacles comme des défis amusants à surmonter

Je travaille dur et rapidement afin de pouvoir me détendre plus tard

Je suis inspiré dans les actions à prendre pour atteindre ce que je veux

J'agis tous les jours pour améliorer ma vie

J'agis sans être freiné par la peur ou l'hésitation

Je prends l'entière responsabilité de mes actions et de leurs résultats

Je prends une action rapide et décisive dans toutes les situations

J'utilise tout mon temps et mon énergie pour atteindre de grandes réalisations

J'utilise tout mon temps de la meilleure façon possible

Aujourd'hui, je vais accomplir plus que quiconque ne pensait possible

Aujourd'hui, je serai celui qui agira dès que nécessaire

Aujourd'hui, je me fixerai de nouveaux objectifs

Aujourd'hui, je ferai tout ce qu'il faut pour faire avancer les choses

Aujourd'hui, je trouverai des moyens de rester occupé efficacement

Aujourd'hui, je vais faire face à toutes mes responsabilités

Aujourd'hui, je serai heureux de faire ma part et plus encore

Aujourd'hui, je ne laisserai aucun de mes objectifs inassouvis

Aujourd'hui, je vais faire des progrès personnels incroyables

Aujourd'hui, je vais parfaitement utiliser mon temps

Aujourd'hui, je ne m'arrêterai pas de travailler jusqu'à ce que mes objectifs soient atteints

Aujourd'hui, je serai occupé et ferai avancer les choses

Aujourd'hui, j'atteindrai tous mes objectifs

Aujourd'hui, je prendrai toutes les mesures nécessaires en tous domaines

Aujourd'hui, je prendrai le contrôle de la situation autour de moi

+

Inspirez-vous de ce qui précède, et rédigez ici *votre affirmation*.

En guise de conclusion

Les affirmations ci-dessus sont très puissantes mais n'oubliez pas que si vous ne vous en servez pas... il ne se passera rien.

Pour obtenir des résultats, il vous faut pratiquer sur une base quotidienne. La répétition est un facteur-clé. Il vous faut transformer vos vieux schémas de pensées pour les remplacer par de nouveaux que *vous* aurez choisi.

Suivez simplement le plan en trois étapes simples que je vous ai présenté en introduction et regardez ce qui se passe.

Vous êtes au bord d'un changement de vie radical, qui vous conduira vers la richesse, le bonheur, la santé, l'épanouissement personnel dans tous les domaines de votre vie et la réalisation de vos rêves les plus chers.

Ne laissez pas votre mental vous bloquer et *pratiquez* sans cesse, au besoin *malgré* le doute et le découragement car

« L'heure la plus sombre précède toujours l'aube »

Alors des miracles se produiront dans votre vie.
C'est tout le bonheur que je vous souhaite.

Frank

Merci !

Avant de nous quitter, je veux vous remercier et vous féliciter une nouvelle fois pour avoir pris le temps de lire ce livre.

Si vous avez aimé ce que vous y avez découvert ou si vous voulez témoigner des changements positifs survenus en pratiquant la méthode simple exposée ici, pourriez-vous prendre quelques instants pour laisser une évaluation sur le site d'Amazon ?

Chaque commentaire est précieux et permet aux auteurs de toujours s'améliorer, et aux lecteurs de se repérer dans la multitude de livres existant.

Merci à vous !

www.ingramcontent.com/pod-product-compliance
Lightning Source LLC
Chambersburg PA
CBHW072308170526
45158CB00003BA/1234